Allan Rônez · Knapp daneben, um doch zu treffen

Allan Rônez

Knapp daneben, um doch zu treffen

Gedichte zur Verständigung

p u b l i c   b o o k   m e d i a   v e r l a g

FRANKFURT A/M ✻ WEIMAR ✻ LONDON ✻ NEW YORK

Die neue Literatur, die – in Erinnerung an die Zusammenarbeit Heinrich Heines und Annette von Droste-Hülshoffs mit der Herausgeberin Elise von Hohenhausen – ein Wagnis ist, steht im Mittelpunkt der Verlagsarbeit. Das Lektorat nimmt daher Manuskripte an, um deren Einsendung das gebildete Publikum gebeten wird.

Bibliografische Information
der Deutschen Nationalbibliothek

Die Deutsche Nationalbibliothek verzeichnet diese Publikation in der Deutschen Nationalbibliografie; detaillierte bibliografische Daten sind im Internet abrufbar über http://dnb.d-nb.de.

Die Autoren des Verlags unterstützen den Bund Deutscher Schriftsteller e.V., der gemeinnützig neue Autoren bei der Verlagssuche berät. Wenn Sie sich als Leser an dieser Förderung beteiligen möchten, überweisen Sie bitte einen – auch gern geringen – Beitrag an die Volksbank Dreieich, Kto. 7305192, BLZ 505 922 00, mit dem Stichwort „Literatur fördern". Die Autoren und der Verlag danken Ihnen dafür!

Websites der Verlagshäuser der
Frankfurter Verlagsgruppe:

www.frankfurter-verlagsgruppe.de
www.frankfurter-literaturverlag.de
www.frankfurter-taschenbuchverlag.de
www.publicbookmedia.de
www.august-goethe-literaturverlag.de
www.fouque-literaturverlag.de
www.weimarer-schiller-presse.de
www.deutsche-hochschulschriften.de
www.deutsche-bibliothek-der-wissenschaften.de
www.haensel-hohenhausen.de
www.prinz-von-hohenzollern-emden.de

Gedruckt auf säurefreiem, alterungsbeständigem Papier, hergestellt aus chlorfrei gebleichtem Zellstoff (TcF-Norm).

Printed in Germany

ISBN 978-3-86369-172-1

©2013 FRANKFURTER TASCHENBUCHVERLAG FRANKFURT AM MAIN

Ein Unternehmen der Holding
FRANKFURTER VERLAGSGRUPPE
AKTIENGESELLSCHAFT
In der Straße des Goethehauses/Großer Hirschgraben 15
D-60311 Frankfurt a/M
Tel. 069-40-894-0 ▪ Fax 069-40-894-194
E-Mail lektorat@frankfurter-literaturverlag.de

Medien- und Buchverlage
DR. VON HÄNSEL-HOHENHAUSEN
seit 1987

Vorwort

Wer kennt ihn nicht, den Wunsch die Welt zu retten?
Oder zumindest zu verändern.
Besonders als junge Menschen sind wir offen für Idea-
le und Aussichten, die eine friedlichere und gerechtere
Welt versprechen.
Dies ist ein uralter Menschheitstraum, der trotz aller
Kriege und menschlicher Schwächen, nie verstummt
ist und gerade in Zeiten wieder auflebt, in denen wir
uns bedroht und benachteiligt fühlen.

Die Jugend ist die Zeit der Suche und Übertreibung,
und so habe ich meine Jugendzeit damit verbracht, die
„Wahrheit" und eine persönliche Vision zu finden.
In meinem Übermut habe ich mich geistig und psy-
chisch überfordert und bin wegen meiner sensiblen
Veranlagung erkrankt.

Über 12 Jahre bin ich neben der Spur gelaufen, war
verrückt, wie man so sagt. Als sei durch die vielen ver-
schiedenen Eindrücke und Informationen über die
Außenwelt in meinem Kopf ein Labyrinth entstanden,
musste ich durch Versuch und Irrtum einen Weg aus
meiner Verwirrung finden.
Jedes Mal, wenn ich mich selber und die Welt etwas
besser verstanden hatte, war ein Knoten in meinem
Kopf gelöst. In meinem Jubel dachte ich schon oft am

Ende des Labyrinthes angekommen zu sein, bis ich mich erneut verirrte.

Dieses Buch, das ich zwischen August 2012 und März 2013 verfasst habe, hat meine Genesung und Entwicklung gefördert. Die Niederschrift meiner Erfahrungen und Vorstellungen, angefangen von der Suche nach Sinn im 1. Teil über die Auseinandersetzung mit den Schattenseiten des Lebens im 2. Teil bis zur Klärung meiner persönlichen Vision im 3. Teil hilft mir jetzt dabei, im echten Leben wieder Fuß zu fassen. Als sei ich mir mit den Gedichten selber vorausgegangen, kann ich immer noch aus ihnen lernen und möchte die Gedanken weiterführen.

Einen großen Teil der Einsichten verdanke ich allerdings der Beschäftigung mit Büchern. Sie nehmen für mich oftmals die Rolle des Therapeuten ein, der mir im richtigen Moment den passenden Anstoß gibt.

Nachdem ich einen langen Weg gegangen bin, um mich trotz großer Angst und Zweifel zu öffnen, ist es mein Wunsch, unabhängig von meiner kritischen Haltung, Ihre eigene Offenheit, Ihr Bedürfnis nach Zuwendung, Ihre Lebensfreude und Ihren Unternehmergeist anzusprechen.

Allan Rônez

Teil 1

Auf der Suche

August 2012

Einleitung

Vor einer Reise stellen wir uns gewöhnlich einige Fragen: Was muss ich mitnehmen? Was erwartet mich in der Fremde? Wie begegne ich einer anderen Kultur?
Wir bereiten uns gründlich auf die Reise vor, um mögliche Risiken und Unannehmlichkeiten zu vermeiden.
Sollten wir uns nicht ähnliche Fragen bezüglich der großen Reise der Menschheit stellen? Können wir uns auf den weiteren Verlauf dieser Reise vorbereiten und was brauchen wir dazu?
In einer Zeit, in der immer mehr ins Wanken gerät, wird deutlich, dass die Welt nicht so stabil ist, wie es den Anschein hat.
Deshalb stellen sich viele Menschen die Frage nach dem Wohin und Wozu, nach der Bedeutung von Wahrheit, Leben, Gemeinschaft, Leiden und Glück.
Keine neuen Fragen. Sie wurden und werden immer wieder gestellt. Auch ich habe sie gestellt und nach Antworten gesucht.
Meine persönlichen Erfahrungen und gewonnenen Einsichten über die Beschaffenheit des Menschen und der Welt sind hier in einer Art Panorama versammelt. Ich biete sie als Anregung und Hilfe an, das Gespräch über „Gott und die Welt" wach zu halten und weiter zu führen. Möge jeder von uns sein Lebensziel erreichen und dabei auch einen Blick für das Verbindende und Allgemeine bekommen, das uns daran erinnert: „Du bist nicht allein!"

Wenn du fällst

Was bleibt, wenn alle Bande reißen
Wenn dich Scham und Angst verschleißen
Was bleibt, wenn aller dir vertrauter Trost
Sich auflöst in der See, die braust und tost?

Du bist allein auf dich gestellt
Weil niemand sich dir zugesellt.
Ganz alleine gehst du deinen Weg
Soweit er reichen mag der dünne Steg

Doch was passiert in dieser Stunde?
Weit entfernt der großen Runde
Wer versteht es da dich aufzufangen?
Wer hält zu dir von all den allen?

Wisse nun, du bist nicht der Erste
Der sich verlor als er wollt' das Höchste
Denn überall kann dir begegnen schlicht
Ein anderer Gefallener als neues Licht

In dieser Not erlebst du es vielleicht
Dass der Blick des andern so tief reicht
Dass deine Energie erwacht im Fluss
Weil dein Leben weiter gehen muss

Bleib so lange in der Nähe dieses Menschen
Bis du gelernt hast so wie er zu sehen
Wenn du seine Art verinnerlicht hast
Dann fühlst du einen Schatz trotz deiner Last

Und schließlich wirst auch du einmal
Ein Engel sein im dunklen Tal
Wenn jemand deine Hilfe braucht
Er nicht vergeblich in die Kälte haucht

Verrückt

Einmal wollte ich die Welt verlassen
Weil in der Liebe ich frustriert
Die Esa oder Nasa zu besetzen
Auf ein Raumschiff fokussiert.

Um Unterstützung schnell zu finden
Mit Rucksack auf den Weg gemacht
Bis es dunkelte nach Stunden
Und eine Pause ich gebraucht

In der Nacht mir kam die Angst
Dass ich verfolgt werd von dem Staat
Der vereiteln wollt der Pläne Tat
Zu verhindern dass du Macht erlangst

Und wie es ist des „Schicksals" Wille
An der Straße werd ich plötzlich Stille

Die Polizei mit großem Aufgebot
Dich bestätigt in der Vermutung
Sie dich verfolgen bis zum Morgenrot
Der Schreck anregte die Durchblutung

Die ganze Nacht dann weggerannt
Weil die „Hundepfeifen" dir im Ohr
Am Morgen du vernimmst gespannt
Der Leute Meinung wie im Chor

Wir wissen alles über dich
In der Zeitung hat's gestanden
Dein Betragen ist so lächerlich
Jetzt wirst du in der Klinik landen

Die Liebe des Dämons

Warum versag ich kläglich
Wenn es um die Liebe geht?
Als hätt' ich einen Dämon nämlich
Der meinem Glück im Wege steht

Um ihn zu überlisten schlau
Wollt' ich mich ergeben einer Frau
Damit sie folge meiner Bitte
Schrieb ich Briefe gegen Sitte

Doch belästigt fühlten sich die Frauen
Solch einem Mann ist nicht zu trauen
Andererseits ich immer stiften ging
Wenn ein Mädchen Feuer fing

Dennoch,
Zwischen Angst und Sehnsucht eingespannt
Blieb mir der Frauen Welt nicht unbekannt.
Denn mein Dämon hat seit jeher zugestimmt
Dass sie stetig auf mich Einfluss nimmt.
So lieb' ich weniger der Schönheit wegen
Sondern um mich aus dem Tief zu heben.
So hat mir manche Liebe beigebracht.
Zu erwecken meine Eigenmacht.

Also,
Wenn meine Liebe nicht zur Ehe reicht
So soll es eine Liebe sein vielleicht
Die ich allen kann entgegenbringen
Dabei mir Keuschheit soll gelingen

Kaum ist dieses Wort gefallen
Muss auch noch der Spott verhallen
Dass diese Art unmöglich sei
Doch dem Dämon ist es einerlei

Heilsame Erinnerung

Kam die Krankheit schleichend
Oder war's ihr Ausbruch plötzlich
Der mich führte ins Vergessen
Wer ich bin und einmal war
Meine Persönlichkeit getroffen
Aufgelöst in der Psychose
Zu nichts mehr in der Lage
Außer um zu warten
Dass der Schmerz nachlässt
     Nach Jahren der Ohnmacht
     Ein Wendepunkt sich hat ergeben
     Als ich eine Methode fand
     Die verloren gegangenen Stücke
     Wieder zu beleben
     Als müsste ich von vorn beginnen
     Holt' ich Schicht um Schicht
     In mein Bewusstsein die Gefühle
     Die mir einst gegeben waren
     Als ich noch ein kleines Kind
Dabei musste ich mich trennen
Von Illusionen, Ansprüchen
Und Abneigungen
Unter deren Schicht begraben
Lag mein wahres Selbst
Mit der Zeit kam auch
Die Erinnerung zurück
Was ich erlebt hab
Als Kind und in der Jugend
     Das alles brauchte Jahre Zeit
     Und ist bei weitem
     Noch nicht abgeschlossen

Verzweiflung

Ich bin wütend auf die Eltern
Ihretwegen bin ich so beschädigt
Ich kann mich selbst nicht leiden
Ständig quälen mich die Zweifel
Ob nicht etwas Böses in mir sei
Weshalb die andren Abstand nehmen

Wie kann ich mich ablenken
Will nicht spielen oder trinken
Mir selbst dabei im Wege stehe
Ständig um mein Defizit ich kreise

Doch wer will schon Gesellschaft
Von einem der sich ablehnt
Zwar würde ich gerne helfen
Doch wenn sie es merken
Wie schlecht und ungenügend
Ich nun einmal bin
Sind sie froh mich loszuwerden

Wäre es da nicht die beste Sache
Mich aus dieser Welt zu schaffen?
Ich hätte Ruhe
Und würde niemanden mehr belasten

Zuversicht

Ich wurde sehr verletzt
Das weiß ich wohl
Doch nehm' ich's an
Nach langer Zeit
Aus Wunden wächst mir
Mehr Verständnis
Als ich ohne sie
Wohl hätte

Deshalb such ich nicht
Nach Schuld bei denen
Die ihrerseits verletzt
Das Leiden weitergaben

Ich nehm' mein Leben
In die Hand
Ich kann schon Freunde finden
Weil ich sie verstehe

Ich kann mit ihnen lachen
Und ihnen beistehen
Wenn sie's brauchen

Augenblicke

Zärtlichkeit

Eine Frau
Sie geht vorbei
Ihr Blick
Sie meint : du bist OK
Ich denk:
Ach ich bin nur
Auf dem Weg
Doch ich find dich
Auch OK

Unterwegs

Die Gedanken
Unruhig
Doch wenn ich
Glück habe
Passen sie sich
Dem Laufschritt
An

Herbst

Reifezeit
Es ist soweit
Mild und klar
Wird mir zumute
Obwohl ich noch
So jung
An Jahren

Trost

Was ich verlier
Was ich versäum
Die Suche
Nach dem
Weiß nicht was
Das sei mir
Trost
Ein Leben lang

Selbstfindung

Die Welt ist nicht so, wie ich sie vorgestellt
Ich bin nicht so, wie ich mich selber sehe
Es tut weh, sich Täuschungen einzugestehen
Es ist als würde ich allen Halt verlieren

Durch ein schmales Tor führt mich der Weg
Aus dem Nichts beginnt ein neues Leben
Kein völlig neues, nur ein bisschen echter
Soviel Schlacke hat sich über mich gelegt

Ich bin nicht so stark, wie ich gern wäre
Bin nicht so erfahren wie andre meines Alters
Kann nicht immer freundlich und fröhlich sein
Habe keine Erfolge und Preise vorzuweisen

Doch an diesem Punkt, in diesem Nichts
Bildet sich das was man Charakter nennt
Schutzlos ausgeliefert in die Leere fallend
Wird das Nichts zur Quelle meines Lebens

So werde ich geschliffen durch Enttäuschung
Bis ich scheine ohne sichtbaren Glanz
Bis ich groß bin ohne größer sein zu wollen
Bis ich werde wer ich wirklich bin

Ohne Identität

Wer bin ich und wer bist du?
Ich bin anders, gehörst du dazu?
Irgendwann auch ich hab' festgestellt
Das irgendwo ich Teil sein will

Doch Teil wovon? Welcher Gemeinschaft?
Welcher Schicht oder Nation?
Nichts war bei mir eindeutig so
Dass ich hätte zustimmen können.

Nirgendwo sah ich die Möglichkeit
Mich einzubringen aus ganzen Stücken
Ganz und gar zu übernehmen
Der Gruppe Interessen

Darum ich ungebunden bleibe
Ohne mich wo anzuschließen
Einer Religion oder Organisation
Die Menschen in meiner Nähe
Mir genügen um ich selbst zu sein

Gebet

Hilfe, ich bin viel zu krank
Haut und Gesicht sind fahl
Was hab ich denn zu bieten
In der Welt von Glanz und Stahl

Mein Charakter ist nicht besser
Ich bin feige, faul und ungeduldig
Meine Ehrlichkeit hat Grenzen
Und das Vertrauen so ne Sache

Oft schon wünschte ich
Ich wäre ganz anders
Manchmal spüre ich den Drang
Der zu werden, der ich könnte

Aber der Weg dorthin
Scheint mir so schwer
Weil ich mich dann trennen müsste
Von meinem Ich

Dieses Ich hat mich beschützt
Mein Leben halt so hinzukriegen
Zu vermeiden meine Wünsche
Und nicht aufzufallen

Doch heute ist der Tag
An dem ich wirklich nicht mehr mag
Dieses Leben ist mir zuwider
Und ich bin bereit es aufzugeben

In meinem Kummer stehe ich vor dir
Nimm es, nimm es ganz von mir
Zeige mir ein neues Leben.
Ich bin bereit das alte aufzugeben

Ängste!

Kann ich auf die Straße gehen?
Wird die Welt sich weiter drehen?
      Wer wird die Rechnungen bezahlen?
      Welchen Sinn haben die Wahlen?

Krankheiten es gibt in Massen
Und die Nachbarn die mich hassen
      Überall gibt es Verbrecher
      Die misshandeln welche Kinder

Die Natur durch Katastrophen
Zuschlägt mit Gewalt
Oder es irgendwann durch Bomben
Ganz gewaltig knallt

Auch das Essen ist nicht sicher
Zu viel Stoffe für Allergiker
      Weiter führen könnte ich die Liste
      Schau ich abends in die Kiste

Auf diese Art unmöglich sei
Hier zu leben sorgenfrei
      Darum versuch' ich zu entspannen
      In der Gegenwart mich aufzufangen

Eitelkeit?

Auf Umwegen meist entsteht das Leben
Da kein Endziel im Ganzen ist gegeben
Doch viele Menschen der modernen Zeit
Zu keinem Warten und Probieren mehr bereit

Schnell, perfekt mit Sicherheit ein Hit
Jeder in seiner Sache muss sein fit
Leider auf diese Weise nichts entdeckt
Weil alles abzielt auf Effekt

      Aus Misserfolgen könntest du lernen
      Um dadurch deinen Kurs zu ändern
      Sodass nicht im Voraus ganz genau
      Das Ergebnis fest steht für die Schau

Die sichere Berechnung des Erfolges
Verengt den Blick für wirklich Neues
Sie ist bleierne Routine nur
Wenn du dem Plane folgest stur

Wie viel Freude bleibt außerdem erhalten
Sofern du nicht persönlich hast getroffen
Die Wahl für deiner Träume Arbeit
Und alles war am Ende Eitelkeit?

Typisch „ich"

Indirekt

Ist mir doch egal
Was sie denken
Sie können denken
Was sie wollen
Hauptsache sie verstehen
Mich nicht falsch
Versteht das denn
Keiner?

Korrekt

Entschuldigen Sie
Verzeihung, dass ich
Störe
Sie haben recht
Soll nicht wieder
Vorkommen
War nur ein
Wiederholungsfehler

Schön

Sehr originell
Außergewöhnlich
Etwas Schöneres gibt es
Nicht
Wenn doch alles und Jeder
So wäre
Das wäre wirklich schön

Schlau

Genial
Da kommt niemand
Drauf, außer mir
Natürlich
Und wenn ich so
Dumm wäre wie
Die anderen
Wäre ich eben nur
Einfach Genial

Aufgabe der Vernunft

Das *Wort* Vernunft hat Tradition
Die großen Denker gaben ihm Gestalt
Als Gegensatz zum Glauben
Es nach wie vor gebraucht

Woraus besteht nun die Vernunft?
Geht sie über den Verstand?
Geht sie über die Erfahrung
Die wir machen in der Wirklichkeit?

Wenn die Vernunft auch so erfasst
Den Zufall der Realität
Die Einheit in dem Chaos
Der Triebe hin und her

Dann kann sie auch empfangen
Inspirationen aus materiellem Geist
Welcher mit allem ist verbunden
Uns das Ziel weist in der Form

Werte sind doch Glaubenssache
Individueller Weltanschauung
Oder Übertragung durch Autorität?
Damit die Werte stiften
Gemeinsinn ohne auszuschließen
Ohne einzelne zu hindern
Ihren eignen Weg zu gehen
Kommt die Vernunft wieder dazu

Jetzt aber nicht im Gegensatz
Zum Glauben
Sondern auch fähig aus dem
Ganzen dem Einzelnen
Die Ideale zu vermitteln
Die ihm weisen Sinn und Platz
Im Leben der Gemeinschaft

Die Integrität der Seele

Ob wir sie Seele oder Psyche nennen
Wechsel der Gefühle wird ein jeder kennen
Ob traurig, froh oder zufrieden einer ist
Oder Ärger sich in unsere Seelen frisst

     Können wir so in uns erkennen
     Wem wir folgen mit den Jahren?
     Obwohl wir allzu oft versäumen
     Selbst zu tun, wovon wir träumen

Was braucht die Person zum Leben?
Welche Eigenschaften sind von Nöten?
Damit wir gehen miteinander
Trotz des vielen Durcheinander

Das *Selbstwertgefühl* uns ein Sollen setzt
Den Rahmen an dem sich orientieren
Auch Kinder wenn sie nicht verletzt
Weil sie elterliche Zuwendung verlieren

Das *Selbstbewusstsein* mich befähigt
Dass Sinnen und dem Bauch ich trau
Nur so der freie Wille sich bestätigt
In der Liebe zwischen Mann und Frau

Das *Selbstvertrauen* stärkt den Rücken
In der Gesellschaft zu bestehen
Beziehungen und Streitkultur zu pflegen
An deinem Platz die Forderungen glücken

In diesen Dreien können wir uns Üben
Mit fachlich Hilfe oder der von Freunden
Integrität und Gewissen auszubilden
Dass wir mit Kraft und Stärke sind die Milden

Sollen, Wollen, Müssen bewirken Reife
Ein jedes Alter und verschiedene Weisen
Das eine mehr betont als andres eben
Was ihm entspricht in seiner Tiefe

Ergänzen können wir uns gegenseitig
Wenn das Sollen nicht in Zwang
Das Wollen nicht in Willkür
Und das Müssen nicht in Druck
Ausarten

Horizonterweiterung

Sich zurückziehen
In sich eine Welt entstehen lassen
Die sich zu immer neuen
Mustern verwebt
Stille, die abwechselt
Mit Melodien und Worten
Bildern die ich wirken lasse

> Die Phantasie erweitert
> Meinen Blick auf das
> Was möglich ist
> Verbindet das Vergangene
> Mit den Wünschen
> Und Hoffnungen auf
> Eine neue Welt

Was hält die Welt zusammen?

Seitdem die Menschen können klagen
An einen Gott sie wenden ihre Fragen
Der Gott ihnen darum offenbart
Wie zu leben sei nach guter Art
Gott als allgegenwärtig' Wesen
Als Schöpfer und als Weltenlenker
Seine Worte festgehalten in den Schriften
Damit auch weiß der letzte Henker
Wer das Maß vergibt der Welt
Und sie „im Innersten zusammenhält"

Oder
In der Welt der Unzufriedenen
In der es gilt zu mehren Schätze
Durch Fleiß und Handel zu gewinnen
Das Geld belegt den 1. aller Plätze
Die Wirtschaft dann umfasst die Welt
Weil alles andre nur auf 2. Range
Außerdem den Machern nicht gefällt
Sich's nicht verkaufen lässt nach Stange
Doch in diesem Rahmen gut gediehen
Der Fortschritt technischer Anwendung
Weil sich ein Unternehmer Geld geliehen
Sein Produkt zu bauen in Vollendung

Oder
Schließlich ist's heut fast unmöglich
Nichts zu wissen, ganz naiv und fröhlich
Weil überall die Fakten sind im Angebot
Sei's über Kühe Haltung oder ihren Tod
Das Internet gibt jedem Platz
Zu verbreiten die Informationen
Ob Austausch unter Forschern
Oder Fotos an den Schatz.
So dass man fragen kann:
Was nicht in den Medien ist platziert
In dieser Welt auch existiert?
Vielleicht mal hier und dann

Oder
Möchtest du hier selber denken
Und ich schweige dann bewusst
Um nicht den Eindruck zu erwecken
Dass zu allem ich etwas gewusst

Der Geist in der Materie

Sind Geist und stoffliche Materie wirklich
Gegensätze?
Dass man sich entscheiden muss für eine
Weltanschauung?
Die eine, dass aus dem Geist die Welt entsteht
Die andre, dass Materie erst hervorbringt unsern
Geist

Wenn wir dazu einmal kurz betrachten ein Atom
Könnten wir sehen, wenn wir's sehen könnten
Wie mehrdimensionale Wellen, wie Teilchen drehen
So dass die Teilchen wiederum wie Wellen sind

Die Bewegung der Welle wird gemessen als die
Wirklichkeit
Doch der Rahmen in dem die Welle schwingt
Wahrscheinlich
Ist nicht fassbar, entzieht sich unsrem Blick
Darum behaupte ich, der Welle Form sei „Geist"

So erscheinen alle Formen wie harmonisch
Als würden sie zusammenhängen virtuell
Die Bewegungen in ihnen zeigen
Ursache und Wirkung
Form und Bewegung sind offensichtlich nicht zu
Trennen

Schließlich die Substanz, also das was sich bewegt
In *Form*
Ist das Sein, die Realität oder Weltenseele
Deshalb behaupte ich jetzt wiederum
Dass Materie, Geist, Körper und Seele in sich
Vereinigt sind

Die Tradition der Evolution

Seit Darwins Forschung ist es sicher
Dass die Fitness eines Wesens ist
Wenn es zufällig neu ausgerüstet
Den Umwelt-Wechsel überlebt

> Dieses Bild gefällt den Menschen
> Die sich gern als Sieger sehen
> Wenn sie in die Stellung kommen
> Der Welt den Stempel aufzudrücken

Doch des Lebens Bande sind komplex:
Was bewirkt, dass eine Änderung
Auch die Nachwelt wird gebrauchen
Weil sie taugt zum Überleben?

Nicht Wachstum ist das Ziel schlechthin
Die Evolution stets von Gleichgewicht
Zu neuem Gleichgewicht sich fortbewegt
Drum über lange Strecken nichts geschieht

Um zu entschleunigen die rasend Welt
Sei ihres Strebens Nutzen hinterfragt
In langen Zügen wächst das Leben
Die inszenierten Siege ihm egal

Wer seine Fähigkeiten will bedienen
Und sich wünscht dauernden Erfolg
Der braucht nicht auf den Beifall achten
Wenn er aufgeht in des Lebens Tradition

Was sollen wir tun?

Wie viel Wissen braucht die ganze Welt
Dass ein jeder weiß, wie's um sie bestellt?
Wie viel Nachrichten müssen versendet werden
Dass wir wissen was zu tun sei hier auf Erden?

An seriösen Wissenschaften gibt es viele
Eine jede mit weit ausgebauter Schule
Und um deren Weisheit zu vernetzen
Dürfen jetzt auch Laien sich einsetzen!

Wie lange sollen wir reden und beraten?
Bis der Klimawandel aus der Hand geraten?
Bis der Zerstörungskräfte Übermacht
In uns wecket den Verdacht
Dass wir uns der Ohnmacht überließen
Durch gezielte Meinungsmache
Wir so von der Nötigkeit verwiesen
Selbst zu denken in der Sache

Darum möge jeder wie er kann
Seinen Beitrag leisten hier und jetzt!
Welch ein Glück für Frau und Mann
Sich zu wissen unersetzt!

Das Band der Zivilkultur

Wie lässt sich die Kultur beschreiben
In der nicht jeder jeden will beneiden?
Wo extremer Auswuchs wird vermieden
Weil ihre Mitglieder zu verschieden

In unsrer Zeit ist's die Demokratie
Die Freiheit garantiert jeder Partie
Doch festgefahren ist die Struktur
Weil eine Minderheit entscheidet nur

Deshalb zu ihrem eigen Machterhalt
Ursachen der Folgen sie für sich behalt
Und diejenigen nichts können ändern
Die das Leid ertragen an den Rändern

Probleme von globaler Dringlichkeit
Erfordern Zusammenhalt in Offenheit
So alle die zum Einsatz sind bereit
Sich finden zu der Einigkeit!

Nicht durch den Druck von Idealen
Noch durch Angst vor einem Gegner
Sondern um gemeinsam zu gestalten
Und dass die Welt verwaltet sei integer

Arbeitsteilung

1.Die Lehrer uns beibringen
Vor und Nachteil einer Sache
Selbständig zu überdenken
Die Kunst in einem Fache
Zu erlernen wie der Meister

2.Die Ärzte uns versorgen
Wenn der Magen ist verdorben
Sie operieren und verschreiben
Damit wir schneller heilen
Und lange leben

3.Die Unternehmer mit Produkten
Den Stoffwechsel betreiben
Wo ein Mangel ist zu sehen
Sie gleich an die Lösung gehen
Damit keiner Hunger leide

4.Die Künstler sich darin gefallen
Unser Leben so zu stellen
Dass wir es tiefer können schätzen
Mit neuer Energie versehen
In Musik, Malerei, Literatur...

5.Die Wissenschaftler sind dabei
Die Rätsel dieser Welt zu lösen
Sie beraten und denken frei
Das Wissen zu vernetzen
Ihr Weitblick hoch geschätzt

6.Die Verwalter organisieren
Als Beamte oder in Vereinen
Den sichren Ablauf der Projekte
Oder gemeinschaftliche Pflichten
Vertrauen ist Ihnen Ehrensache

7.Die Unterhalter als moderne Clowns
Uns animieren zu Spiel und Spaß
Das Leben zu feiern mit Genuss
Weil nicht alles glücken muss
Wir trotz Verluste an die Vielfalt denken

8.Die Politiker für Ausgleich sorgen
Die Schwachen zu beschützen
Und die Starken einzubinden
In allgemeine Aufgaben
Das sei ihre Gerechtigkeit

9.Die Religiösen sind gerufen
Die getrennten Reiche zu verbinden
Und im Licht der Ewigkeit zu sehen
Die Einheit zu versuchen
Weil sie in sich Liebe spüren

Das Dilemma der Gewinner

Unaufhaltsam wächst ein süchtiges Getriebe
Über lang gewachsene Rhythmen hoch hinaus
Die ganze Welt will Leben zwar in Friede
Doch schleicht sich in die Seelen vielfach Graus

Wo sind nur Raum und Zeit für uns geblieben
Das Glück der Ewigkeit in sich zu finden?
Aus Angst vor Leiden und dem Tod getrieben
Bringen wir die „Mängel" zum Verschwinden

Das große Spiel uneinsichtiger Gewinner
Solang gespielt bis alle sind besessen
Bis alle sind die Opfer dann für immer
Weil die Erde schließlich leergefressen

Doch noch ist Hoffnung sehr gefragt
Wer hat die Menschheit nicht schon angeklagt?
Vieles hat die Welt schon überstanden
Werden wir noch sicher auf dem Boden landen?

Für die Unbekannten

Wie viele Menschen sind durch ihre Tat bekannt?
Wie viele träumen von dem großen Preispokal
Durch den ihr Name in der ganzen Welt genannt?
Und sie noch lange denken an das eine mal?

Wer den Menschen in Erinnerung will bleiben
Muss in irgendeiner Art Geschichte schreiben
Nur so erhält er auch die Garantie im Leben
Dass sein Nachhall niemals wird vergehen

Doch warum befind' der eine sich für groß
Für überklug, all zu schön und superwichtig
Dass er sich was einbild' auf sein Los?
Die Grundlage aber, die ihm zum Ziel verhalf
Er dann vergisst oder erklärt für nichtig

Wahre Größe wird den Ursprung nicht verlieren
Egal wie viel sie konnte wirken oder retten
Sie wird in nüchterner Bescheidenheit
Das meiste in der Arbeit Unbekannter sehen
Die in ihrer Summe mehr bewegt
Als so mancher Chef sich eingesteht

Darum sei heute Gruß und Dankbarkeit
Den vielen Unbekannten weit und breit!

Kämpfe für das Leben!

Hältst du dich für mutig, weil du einen Gegner hast
Den du vernichten darfst, weil er kein
Recht zu leben hat?
Seine Andersartigkeit ist dir zuwider und
Quelle der Gefahr
Für die Unversehrtheit deines Vorstellungsideals

Reinheit deiner Eigenart, Geschlossenheit der
Gemeinschaft
Widerspruch und Unterschied sind Anlass für den
Hass,
Weil es nun schwer fällt die Überlegenheit zu
Sichern.
Doch was nützt dir Überlegenheit, wenn jeder dir
Misstraut?

Zusammengehörigkeit lässt sich nicht erzwingen mit
Gewalt
Durch Beseitigung der Differenzen, die von Natur aus
Vorgesehen
Wie lange noch willst du der Illusion anhängen
Alle Probleme seien gelöst, wenn alle „Feinde" sind
Vernichtet?

Wenn du wirklich mutig bist, ein Kämpfer für das
Leben
So wirst du selbst dich stärken, die Mischung zu
Ertragen
Die offene und bunte Welt mit ihren Fehlern,
Weil auch du zu ihr gehörst mit deinen
Macken

Gute und Böse

Warum der eine böse wird der andre gut
Ein Kind dem andren gerne wehe tut
  Sich Erleichterung verschafft mit Ruck
  Dass es zu kurz kam unter Druck

Die Ansicht dann geprägt fürs Leben
Dass man durch Schläge sich kann nehmen
  Was die Guten einem vorenthalten
  Weil sie von Anfang an zusammen halten

Wer Leistung bringt und hat ein Haus
Muss fürchten dass die Diebe räumen aus
  Was er in mühevoller Arbeit hat erworben
  Und er nicht wissen will verloren.

Der einen Streben nach dem Wohlstand
Ruft die Verbannten aus den Ecken
Die ihrerseits den Weg sich bahnen
    In die Träume von Schlaraffenland

    Ist die Sucht der Reichen nun das Gute
Die Gewalt der Gekränkten aber Böse?
Wenn wir möchten, dass der Konflikt sich löse
    Helfen weder Wegsehen noch die Rute

    Die einen sind gewohnt an Schläge
Die andren wurden ausersehen
In der Gesellschaft aufzugehen
    Die Verlierer werden wütend oder träge

    Deshalb sind Orte wichtig überall
Wo sich treffen Klein und Groß
Jeder verbessern kann sein Los
    Sich so vermindert der delinquente Fall

Der Weg ins Paradies

Seit dem die Menschheit ihrer selbst bewusst
Fühlen wir uns aus dem Paradies vertrieben
Wer von Armut, Krieg, von Schuld gewusst.
Der wollt' ins Jenseits diese Welt verschieben

Wo ist's möglich, dass wir dann zusammen sind
Und nicht ausgebeutet werden Frau und Kind
Wo wir trotz verschiedener Begabung
Aufeinander gleich bezogen sind in Achtung.

Auch die Theoretiker gaben dazu das ihre
Die Welt zu sehen als zersplittert Ding
Sie woll'n, dass man die Trennung respektiere
Damit ihr Weltbild nicht verloren ging.

Nach den Kriegen großer Massenführer
Wurd' die Sehnsucht nach der heilen Welt
In die Erwägung jedes Einzelnen gestellt
Bis sie gingen der großen Utopien Hüter

Die einen übersättigt von Verwöhnung
Die andren kaum zum Überleben fähig
Ist den meisten Sache der Gewöhnung
Doch wer sensibel ist wird traurig

Ist die Hoffnung auf das Paradies verloren?
Weil jeder sich nur schert ums kleine Glück
Oder kehrt sie in die Herzen irgendwie zurück?
Weil wir nicht zum Töten, Raffen sind geboren

Der Schnittpunkt zwischen Traum und Wirklichkeit
Zwischen dem was formt, und was bewegt das IST
Der Schöpfungs- Quelle Augenblick ist stets bereit
Uns aufzunehmen in das Paradies das immer IST

Glaube für die Wirklichkeit

Ob er ist, will der eine gar nicht wissen
Der andre will ihn niemals mehr vermissen
    Der eine sucht ihn jahrelang vergeblich
    Ein andrer spricht von einer Kraft ganz ehrlich

Kämpfe werden ausgeführt noch täglich
Weil es einfacher ist zu glauben treulich
    Als zu zweifeln ohne schriftliche Autorität
    Angesichts der mannigfaltigen Moralität

Wer nicht betäubt ist von zu viel Erfolg
Mag fragen welcher Sinn aus Leiden folg
    Auch Trauer um Verwandte die fort gingen
    Führt uns dazu mit dem Ewigen zu ringen

Woher kommt mein Leben, währt es fort?
    Oder kehr ich in den Kreislauf der Natur?
    Was ist Ziel und Glück der eigenen Kultur?
Ist unsre Welt nicht doch ein guter Ort?

Wer mag da schon letzte Antwort geben?
    Wer den Teil, den er fürs Ganze hält
Als absolute Richtschnur braucht im Leben
    Muss bekehren, weil's andre ihm missfällt

Kann uns da nicht die Erfahrung tragen
      Von einer Quelle die durch alles fließt?
      Nach dem Untergang stets Neues sprießt
Der Tod uns hilft das Leben zu bejahen?

So einfach ist es nicht, ich weiß, ich weiß
Die Hoffnung auf den Sieg seit langem heiß
      Doch wer wird wohl den Kampf gewinnen
      Wenn es heißt, dass Gläubige hier spinnen?

Worte sind nur Worte für die Wirklichkeit
      Welche ist, ob wir sie treffen oder nicht
Drum folge nicht aus Worten neuer Streit
      Aus Offenbarung oder wissenschaftlich Sicht!

Lasst uns miteinander reden in dem Sinne
Dass jeden, dem wird Gottes Wille inne
      Wir die Frage stellen vor dem Handeln
      Wird die Welt zum Besseren er wandeln?

Glück und Leid

Macht das Streben nach dem Glück
Wirklich glücklich?
Ist es gar so schlimm zu leiden
Und nicht zu haben was ich will?

Es gibt zwei Arten Glück die ich erkannt
Und zwei Arten Leiden die ich erfuhr!

Das eine Glück ist vorübergehendes Gefühl
Wenn nach Anstrengung wir ein Ziel erreichen
Danach wir stets zu Neuem aufbrechen müssen
Um ein neues Glücksgefühl zu spüren

Das andre ist ein ausgeglichenes Gemüt
Das mit Welt und Mensch in Einklang lebt
Nichts kann es erschüttern oder kränken
Weil es mit dem Widerspruch sich hat versöhnt

Das eine Leiden führt mich indirekt zum Glück
Es beseitigt Fehler, lehrt Geduld und Mitgefühl
Durch dieses Leiden gelangen wir zur Reife
Da wir auf uns selbst zurückgeworfen sind

Das andere Leiden ist mir immer peinlich
Es beschämt und isoliert bis zur Verzweiflung
Nicht jeder kann es meiden sich zu schaden
Doch wenn er's durchsteht hat er sein Leben wieder

Leben mit dem Tod

„Wozu sterben lernen oder leiden?
Lieber will ich mich entscheiden
Für ein Leben ohne Schmerzen
An dem ich häng von ganzem Herzen!"

Genießen und optimistisch denken?
Immer von der Dunkelheit ablenken?
Die in jedem Menschen lauert
In dem Haus, das er gemauert

Bis ein Schicksalsschlag erweicht
Die engen Herzen werden leicht
Sie nicht mehr versuchen müssen
Ewiges in dieser Welt zu finden

Das Ewige ist nicht zu fassen
Würd's existieren wär's nicht ewig
Weil alles Leben muss verlassen
Die Welt, in der nichts stetig

Wenn du im Leben schon gestorben
Mit einem Fuß du stehst im Leben
Der andre bleibt in dauernder Berührung
Mit dem schöpferischen All-Ursprung

Das mag dir Ruhe schenken
Ohne Sorge um Vergänglichkeit
Wird dir zuteil die Heiterkeit
Kein Leid kann dich ablenken
Vom Ziel, das du ersehen
Und gelassener du wirst
Beständiger bis du stirbst

Affirmationen

Mit *Geduld* lernen wir aus Fehlern und entfalten
langsam unsere Gaben

Mit *Dankbarkeit* nehmen wir Bedürfnisse an und
unterstützen uns freundlich

Mit *Zuversicht* stehen wir zu Verlusten und
handeln zielstrebig weiter

Mit *Natürlichkeit* verarbeiten wir Trauer und schaffen
das Ersehnte

Mit *Weisheit* verstehen wir Irrtümer und erklären uns
und die Welt

Mit *Vertrauen* erkennen wir Gefahren und ermutigen
uns gegenseitig

Mit *Heiterkeit* ertragen wir Schmerzen leichter und
genießen das Leben

Mit *Klarheit* akzeptieren wir Schwächen und stärken
uns nachhaltig

Mit *Gelassenheit* lösen wir Widerstände und lieben uns
achtsam

Teil 2

Im Angesicht des Bösen

Februar 2013

Einleitung

Jeder hat unterschiedliche Vorstellungen vom Bösen. Faszinierend und abschreckend zugleich scheint das Böse manchmal ein Teil von uns zu sein, ein andermal suchen wir es entsetzt bei anderen zu bekämpfen.
Gibt es daher eine objektive Möglichkeit zu beurteilen, was wirklich böse ist und was nicht?
Selbst Krankheiten und Katastrophen, die uns unbegreiflich sind, können Menschen und das Leben auf neue Wege bringen, die sie sonst nie beschritten hätten.
Vielleicht ist das Böse, also die Zerstörung, der eigentliche Motor der Evolution: Am Rande des Abgrundes sind wir bereit unsere guten und liebgewonnen Überlebensstrategien aufzugeben und uns auf etwas Neues einzulassen.
Wäre die Welt nur „gut", also stabil und berechenbar, dann wäre das Leben niemals entstanden und wir Menschen könnten uns nicht den Kopf darüber zerbrechen, was wir als Nächstes tun sollen.

Trotzdem kann die Begegnung mit dem Bösen sehr schmerzlich sein, uns sogar das Leben kosten.
Um ihm gewachsen zu sein und gegebenenfalls entgegenzutreten muss man ihm ins Auge blicken.

Die folgenden Gedichte sind nun der Versuch, meine „schlechten Erfahrungen" mit einem zum Teil humorvollen Augenzwinkern zu verarbeiten. Manches muss aber auch beklagt werden und sollte nicht durch Ironie verharmlost sein. Um den teilweise tiefen Ernst abzumildern sind zur Auflockerung auch ein paar ganz neutrale Stücke eingebaut.

Ohne Vorbild

Nie will ich erwachsen werden!
Auch wenn ich könnte erben
Die Welt der großen Leute
Tut Gewalt mir meinem Heute!

Nie will ich mich verbiegen
Um alle Konkurrenten zu besiegen!
Auch nicht arbeiten im Akkord
Niemals will ich hier an Bord!

Wer nicht mitläuft, der geht unter
Sei er im Herzen noch so munter
Irgendwann ist Endstation
Wer nicht will, der hat halt schon

„Kumpel, was machst du ein Gesicht
Sei locker und verzage nicht
Probier doch den hier, erste Sahne
Wen stört schon deine Fahne"

„Auch ich hab ein Geschenk für dich
Nimmst du es, dreht alles sich
Du bist der größte Mann der Welt
Und kannst tun, was dir gefällt"

Ich nehm's, was soll es schaden
Was soll ein Leben ohne Farben
Es erwartet mich ein andres Leben
Das mir gehört alleine eben

Doch anders als bei diesen Freunden
Ist mir gleich danach zum Heulen
Der Zweifel bohrt sich ins Gewissen
Niemand wird mich mehr vermissen

Bleib bei uns ,sagt der Joker-Face
Ich fühl mich grade wie im Space
Doch ich sehe mich verbannt
Und merke, dass ich mich verrannt

Dann laufe ich allein umher
Es klappt schließlich gar nichts mehr
Ich lege mich auf eine Bank
Niemand stört es Gott sei Dank

Ich sehe mich in Stücke faulen
Über mich die Leute maulen
Warum ich mich so hängen lasse
Und belaste ihre Kasse

Niedergehen oder wenden?
Es liegt allein in meinen Händen
Wie kann ich erwachsen werden?
Ich will noch nicht verderben!

Die Schule und das Leben

Für die Schule hatt' ich wenig übrig
Ab und zu mal mehr getan als nötig
Wenn Lehrer aber aus dem Leben griffen
Konnten sie von mir ein Ohr erhoffen

Mit verträumtem Blick starrte ich dahin
Als ob kein Bewohner wäre darin
Ich ließ mich treiben, hatt' kein Ziel bestimmt
Der Notenspiegel seine Talfahrt nimmt

Du versinkst zu sehr in Melancholie
So tierisch ernst, verspielst du die Partie
Nicht verborgen bleibt es meinen Sinnen
Unaufhaltsam wird die Zeit verrinnen

Entschlossen bin ich sodann zum Aufbruch
Und nicht zu hören auf den Widerspruch
Ein entferntes Land für das nächste Jahr
Wo anders fang ich neu an, ist doch klar!

Die Organisation hat ausgewählt
Meine Eltern für mich Geld gezählt
Auf Ost –Thailand ist die Wahl gefallen
Die Bedenken einfach so verhallen

Familie und Schule sind mir neu
Trotzdem ich alles andre als mich freu
Die Last, vor der ich weggelaufen bin
Verstärkt sich ganz allmählich weiterhin

Bis ich wieder den Entschluss dann fasse
Damit mich der Leidensdruck verlasse
Ist es besser wieder wegzulaufen
Will in endloser Bewegung bleiben

Meine Eltern sind erfüllt mit Sorge
Da auch niemand weiß um meine Lage
Lange Nächte können sie nicht ruhen
Sie die schlimmsten Unglücke vermuten

Als ich zurückkam war gleich Schule dran
Unmöglich dass ich es aufholen kann
Selbst beim größten Willen mitzuhalten
Zu spät, der Zug ist leider abgefahren

So ist's gekommen dass ich nach Jahren
Klassenkameraden treff' in Träumen
Wie schön ist es euch wieder mal zu sehen!
Wie schön, dass wir in die Klasse gehen!

Mit Wehmut blicke ich die Schulzeit an
Auch wenn in ihr die Leidenszeit begann
Der Boden wirkte scheinbar unfruchtbar
Doch ihre Mitgift hielt mich wandelbar

Durch Schuld geimpft

I
Was sagst du dazu
     Als Hitler euch führte?
Was sagst du zur
     Vergangenen Dunkelheit?

Ich schweige sie an
     Den Lehrer und die Schüler
Der Lehrer wartet auf Antwort
     Die Schüler langweilen sich

Obwohl ich zu denen gehöre
     Die nichts getan haben
Weil sie später geboren sind
     Schweige ich sie an

Ich bin im Ausland
     Dort will man wissen
Wie die Deutschen so sind
     Warum war es möglich?

Nach gut fünf Minuten
     In denen ich schweige
Bemerkt der Lehrer endlich
     Mein unsicheres Schwitzen

II

Stolz war ich
        Auf unsere Leistung
Die Sicherheit und Treue
        Auf das was funktioniert

Doch eines hat gefehlt
        Die Auswirkung jener Schuld
In den Augen
        Der Opfer zu sehen

Das Gefühl der Überlegenheit
        War so berauschend
 Haben wir deshalb getötet
        Sie für schuldig erklärt?

Immer noch rufen sie
        Geschichte bleibt stehen
Sie rufen so lange
        Bis wir sie sehen

Keine Entschuldigung
        Auch kein Bedauern
Sie trachten danach
        Sich zu uns zu setzen

III

Ich sehe dich an
 Dich habe ich getötet
Die Ehre genommen
 Den Namen gelöscht

Du blickst zurück
 Ich erwarte den Hass
Der mich treffen sollte
 Wie es so üblich ist

Dein Blick sagt nichts
 Nichts, das mir hilft
Einen Schritt zu tun
 Starre im Nichts

Es wird mir kalt
 Deine Wärme bräuchte ich
Doch du bist tot
 Und ziehst mich zu dir

Ich komme nicht weiter
 Nicht vor noch zurück
Du allein könntest mir helfen
 Doch du bist tot

IV

So kehre ich zurück
    In meine Heimat
Als ich ankomme
    Wirkt sie so fremd

Alles funktioniert genau
    Trotz allgemeiner Beschwerden
Ich spüre eine Spannung
    Von aggressiver Betriebsamkeit

Es lähmt mich der Lärm
    Die Flucht und Zerstreuung
Alle geben sich fröhlich
    Erfolgreich und aktiv

Ich spüre die Angst
    In einem Land
Das mir als Kind
    Das vertrauteste war

Wer hält zu wem?
    Wer kann beschützen?
Ich bin erwacht
    Aus dem Schein des Vertrauten!

Die falsche Ehrenrettung

War ich wirklich so sehr verletzt?
Als Kollege ich beleidigt
Den Ausdruck gegen mich gehetzt
Mich nicht einmal verteidigt

Wenn es stimmig ist, was gesagt
Kann ich's Gegenteil beweisen?
Er hat wohl so zu Recht beklagt
Was angeblich alle meinen

Nach langer Zeit will dieses Wort
Mich noch immer nicht verlassen
Auch an keinen guten Ort
Ich inzwischen bin geraten

Es quält mich diese Entehrung
Raubt mir den restlichen Verstand
Wirke selber die Verheerung
Bis ich erreiche Niemandsland

So schrecklich wie ich eben bin
Besserung hat keine Aussicht
Das Scheitern führt mich schnell dahin
Mein Ehrgefühl erträgt es nicht

Jetzt ist es gar nicht mehr so weit
Bin bereit mich aufzugeben
Tabletten hoher Wirksamkeit
Sollen meine Ehre retten

Zum Übergang brauch ich Musik
Kaum ist alles eingenommen
Schon ganz ruhig im Bett ich lieg
Und entgleite mir verschwommen

Ich hätte dazu Alkohol
Zu dem Mittel nehmen müssen
So erwachte ich im Unwohl
Übergeben in das Kissen

Den ganzen Tag halluziniert
Ständig sah ich meine Mutter
Die ihre Fassung hier verliert
Ihr bereite noch mehr Kummer

Niemandem konnt' ich's erklären
Woran es mir denn mangelte
Warum konnte ich nicht wehren
Als mich das Wort bedrängte?

Der Rittersturz

Einmal hörte ich das Wort „Elite"
Von der Schicht die Halt und Führung biete
Auch sah ich in einem Aristokrat
Den besten Mann für eine große Tat

Bald kitzelte es in mir von wegen
Soll ich mit dem Durchschnitt mich abgeben?
Nein irgendwas in mir will hoch hinaus
Unsere Zukunft braucht ein neues Haus

Womit könnte ich dorthin gelangen?
Wo soll ich mit den Plänen anfangen?
Niemand kann mir einen Weg aufzeigen
An dem meine Träume könnten reifen

So such ich in der Stille mir ein Buch
Eins war dabei, das wirkte wie ein Fluch
„Der Wille zur Macht" lautet der Titel
Aus geistiger Umnachtung Gekritzel

Vor den geistigen Blitzen nicht gefeit
Der Wahnsinn sich in meinem Kopf verteilt
Von einem Tag zum nächsten hat's gekracht
Die Funken sich zum Dauerbrand entfacht

Gnadenlos treibt mich der „Wille" weiter
Als neuen unzeitgemäßen Reiter
Der Rausch überkommt mich Tag und Nacht
Aus der Ferne ertönt der Ruf zur Macht

Erschrocken durch die viele Ähnlichkeit
Welcher glich die geplante Tätigkeit
Dem Größenwahnsinn von Diktatoren
Im Getriebe seh' ich mich verloren

Kann mich nicht mehr halten für den Guten
Der vor dem Hochmut sich konnt' hüten
In ein großes Loch bin ich gefallen
Und im freien Fall mich aufzulösen

Zu Boden fiel ein verwirrter Ritter
Wo bin ich gelandet, wer hilft weiter?
Nachdem ich tagelang die Burg gesucht
Hat mich ein Zauberer in weiß besucht

„Steh auf und nimm das Elixier von mir
In Kürze wird es besser gehen dir!"
 „Darf ich fragen was du mir hast gegeben?
 Psychopharmaka - wie üblich eben!"

Langsam wächst die Liebe

In all den Jahren von einem Ort zum andren
Wurde ich geschickt ohne mich zu beklagen
Überall sind Leute die sich um mich sorgen
Versuche mich zu finden in ihren Worten

Verstehe selber nicht, was mit mir geschehen
Jetzt von einem Flur ich muss zum nächsten gehen
Auf und ab, ab und auf und noch mal das Ganze
Nebenan brüllt einer laut: *„Halt deine Schnauze!"*

Sonst ist es ruhig, ab und zu mal Personal
Sie eilen aus dem Zimmer in den nächsten Saal
An diesem Ort fühl ich mich sicherer vor mir
Vor dem Einfallen fremder Mächte, sagen wir

Ich weiß nicht mehr wer ich bin, wurde ausgelöscht
Einzig freut es mich, wenn's Essen wird aufgetischt
Und eine Packung Butterkekse auf der Bank
Ich habe eine Stunde Ausgang: Vielen Dank!

Nach einiger Zeit wirken diese Tabletten
Die von einem Pfleger ich bekam, dem Netten
Die Stimmung hat sich langsam wieder aufgehellt
Der ein oder andere ein paar Fragen stellt

Noch immer weiß ich nicht, wer ich einmal war
Einmal in die Kirche gehe vor den Altar
Keine Antwort erhalte ich von einem Gott
Nur meine Worte hör' ich und verschwinde flott

Bilder und Erinnerung sind aus einer Welt
Zu der sich irgendwann der Zugang hat verstellt
Jahre vergehen ohne dass etwas passiert
Von außen gesehen hier einer vegetiert

Doch in meinem Inneren wuchs ganz behutsam
Obwohl die Gegenkräfte versuchten grausam
Die kleine Rose zu zerstören, die ich trug
Nach vielen zähen Kämpfen war sie stark genug

Sie stärkte mich darin, an mich selbst zu glauben
Nach soviel Lieblosigkeit ich werde lieben
Der sich befreit hat aus dem Käfig seiner Pein
Fähig wieder ein umgänglicher Mensch zu sein

Durch die neue Aussicht werde ich übermütig
Halte mich nun für geläutert und sehr gütig
Doch die Menschen in der Nähe sind gelassen
Besser Übermut im Lieben als im Hassen

Hypersensibilität

Die Stimmung hat sich verändert
Sie wirkt nun plötzlich distanziert
Trau mich nicht danach zu fragen
Um nichts falsch gemacht zu haben

Die Disharmonie macht mir Angst
Sage mir doch worum du bangst!
Oder hat es mit mir zu tun?
Kannst du meinetwegen nicht mehr ruh'n?

Unangebracht ist die Frage
Und so vergehen die Tage
In denen ich lange grüble
Zu finden was sei das Üble

Hab ich dich vielleicht stark verletzt?
Dir etwas vor den Kopf gesetzt
Du nicht darüber sprechen kannst
Und deinen Schmerz so von dir bannst?

Zur Entlastung muss ich sagen
Um nicht weiter zu beklagen
Möchte nur in Frieden leben
Ist die Frage auch daneben
      Hab ich etwas verbrochen?
      Deinen wunden Punkt getroffen?
      Böse war ich wider Willen
      Ich möchte es nicht wiederholen

Die Frage stell ich endlich dir:
„Bist du irgendwie böse mir?
Was war denn letzte Woche los?
Warst so kurz angebunden bloß"

„Ich verstehe nicht, was du meinst
Es war Montag, sonst NICHTS"

Ein Hundeleben

Sie mit Freude niest vor dem Spaziergang
Ob sie nicht unterwegs ne Katze fang
Unter dem Auto oder im Gebüsche
Erfahrungsgemäß eine Katze husche

Findet sie auf dem Feld eine Rübe
Und sei unser Wetter noch so trübe
Sie im Zickzack dann beginnt zu flitzen
Und die Beute danach aufzuschlitzen

Nicht gut bekommt ihr, was sie draußen frisst
Ihr Magen krank und ganz empfindlich ist
So bereiten wir ihr Selbstgekochtes
Kartoffeln, Möhren, Reis plus Gehacktes

Am liebsten sie dir etwas apportiert
Das Ballspiel dauerhaft konditioniert
Für eine Streicheleinheit sie dir dankt
Und ihren Kopf um deine Hände rankt

Ab und zu sind wir auch mal der Frisör
Zu zweit gehalten es sie dann nicht stör
Frei geschnitten werden ihre Augen
Die zu erneutem Treueblick dann taugen

Selbsttäuschung!

Woher kommt dieses Streben
Ich alles muss verstehen
Verstehe ich etwas nicht
Wird's geformt aus meiner Sicht

Andre Menschen und die Welt
In die Theorie gestellt
So kann ich nicht verhindern
Den Wissenssog nicht mindern

Dass ich sehe oder denke
Die Aufmerksamkeit lenke
Auf das, was ich mir wünschte
Oder ebenso befürchte

      Was bedeutet dieser Blick?
      Muss ich fürchten einen Trick?
      Klar wird mir schnell die Sache
      Für den andren ein Spion
      Er schon greift zum Telefon

Auch der PKW vor mir
Hat mich sicher im Visier
Es kann doch kein Zufall sein
Er vor mir abgebogen
Wohin ich wollte gehen

Dann werd' ich angehalten
Von einem Streifenwagen
„Suchen nach Verdächtigen
Wir müssen sie betrachten
Und den Ausweis wir bräuchten"

Gut dass ich endlich gefasst
Noch bevor mich jeder hasst
Ich ergebe mich direkt
Weil ich die Welt erschüttert
Das Böse in mir lauert

Erschöpft kehre ich nach Haus
Eine Katze jagt die Maus
Bei mir war's die Theorie
Die Welt hat sich verschworen
Das Böse zu besiegen

Lehrgeld für einen Helden

Ich sah sie im Vorübergehen
Die Augen blitzten aus Versehen
Sofort hat sie das Wort ergriffen
Und mich sanft zur Seite genommen

> *„In schwere Not bin ich geraten"*
> Hat sie gesagt und nicht verraten
> Wie sie hinters Tageslicht mich führt
> Meine Schwächen dabei aufgespürt

Hätte nach Kleingeld sie mich gefragt
Sofort hätte ich mich da beklagt
Wäre gegangen meines Weges
Den Blick auf etwas Angenehmes

> *„Soll Geld ich auf dem Strich verdienen?*
> *Um meinen Kindern beizustehen*
> *Ich kann die Miete nicht bezahlen*
> *Illegalen droht ein Verfahren!"*

> *„Ich bin geflohen vor der Gewalt*
> *Warum gibt mir keiner etwas Halt*
> *Mach's dir doch neben mir bequem*
> *Und hilf mir gegen das Problem"*

Ganz nebenbei wollte sie wissen
Ob ich nicht Kinder würde missen
Eine Familie sei was Tolles
Der Segen Gottes wundervolles

„Hast du mir jetzt auch zugehört?
Willst du wirklich dass es mich zerstört?
Du kannst jetzt fortgehen wie gesagt
Kann's dir nicht vergelten wie gesagt"

Sogleich war der Held in mir geweckt
Eine Sehnsucht habe ich entdeckt
Kann diese Tat nicht dabei helfen
Die großen Zweifel abzudecken

Ganz ruhig verstellt sie sich als Braut
Flehentlich in meine Augen schaut
Leise bittet sie und nicht zu laut
Sie auch gar nicht so verkehrt ausschaut

In mir wird dieses Verlangen wach
Fühle mich so stark und sie ist schwach
Alles hab ich um ihr zu helfen
Und kann nicht anders als zu träumen

Wird sie mich aus langer Einsamkeit
Führen zur vermissten Glücklichkeit?
Sie sagt es nicht, doch bin ich sicher
Vertraut sie mir auch für die Kinder

„Gott sagt mir alles was du wohl denkst
Glaubst du an unseren Gott schon längst?"
Meine Antwort ist nicht ganz deutlich
„Glaube macht die Tat erforderlich!"

„Gut; lass uns dein Problem angehen
Ich werde für dich grade stehen
Die Miete werd' ich dir bezahlen
Und niemand soll uns dabei sehen"

Die Scheine wirken wie ein Wunder
Jetzt will sie auch noch meine Nummer
Damit wir bald uns wiedersehen
Denn weg muss sie auf einmal gehen

Kaum war es später auszuhalten
Meine Gefühle ihr nur galten
Mehr als zuvor von ihr benommen
Will endlich Rückruf ich bekommen

Schon beim nächsten Rendezvous gekonnt
Sie Hilfe braucht auf neuer Front
Noch einmal soll ich ihr bezahlen
In ihre Heimat will sie kehren

Sie mir in Dankbarkeit versichert
Dass nicht umsonst ich ihr geblättert
„Falls du irgendwann in Not gerätst
Du ja auch von jemand Geld erhältst!"

Das war zuviel der Forderungen
Der Zweifel ist nun durchgedrungen
Noch kann ich es nicht ganz erfassen
Wie konnt' ich mich betrügen lassen?

Zuhause wird der Schmerz entsetzlich
Da ohnehin ich sehr verletzlich
So winzig erscheint in mir der Held
Nichts erreichte er mit seinem Geld

Wie die Tiere sind auch die Menschen
Als Diebe auf der Lauer liegen
Sie nehmen alles, was sie kriegen
Wer sie nicht kennt, der hat verloren

Wo *immer du bist*

Ich bin in dir, du bist in mir
Seite an Seite gehen wir
Ich war allein auf Irrwegen
In meinem Schweigen verlegen
Ich konnte nicht von mir lassen
Als die Selbstsucht mich zerfressen
Nicht muss ich mehr kontrollieren
Alle Fehler grade biegen
Weder schämen mich der Nacktheit
Und natürlicher Bedürftigkeit

So verbinden sich die Seelen
Und in Einheit aus sich gehen

Ich empfang' von dir, du von mir
Seite an Seite gehen wir
War verschlossen in Gedanken
Wollt' den Lebenssinn begreifen
Doch sinnlos schien mir diese Welt
Das meiste in ihr nicht gefällt
 Da ließ ich zu, dass du wirkst
 Und dich nicht länger mir verbirgst
 Geöffnet hast du meinen Geist
 Und ihm vermittelt was es heißt
 Sinn und Ziele zu erkennen
 Ohne sie Besitz zu nennen

Ich beweg' mit dir, du mit mir
Seite an Seite gehen wir
Traute ich mich nicht zu fragen
Wünsche nach außen zu tragen
Von Mensch zu Mensch Erfahrungen
Mit viel Unklarheit verbunden
 Als Beweger dich nun erkannt
 Fürchte ich nicht zu sein verbannt
 Wenn gegen mich gerichtet
 Unabwendbares mich vernichtet
 Nichts passiert wenn ich verlier'
 Denn im Tod kehr ich zu dir

Den Vater möchte ich loben

Obwohl du mich nicht nach dir erzogen hast
Hab ich dir vieles nachgemacht
Für Handwerk und Technik hast du mich begeistert
Aber auch gefordert, dass ich lese
Meine Mitmenschen sollte ich im Auge haben
Du kannst sie gut mit Schwätzchen unterhalten
Deine Arbeit war dir wichtig
Deine Kunden dir ans Herz gewachsen

Doch auch im Dunklen bin ich dir gefolgt
Die Flucht vor sich selbst hab' ich gelernt
Bei Frauen stets mütterlichen Halt zu suchen
Sich für etwas Außergewöhnliches zu halten
Und Perfektion von sich zu erwarten
Diese Schattenseiten bemerkte ich erst später
Als ich mir selber im Wege stand
Und deine Ratschläge mir nicht helfen konnten

Jetzt steh ich in Blüte und du wirst alt
Weiß nicht ob ich unsre Linie weiterführe
Trotz der Schmerzen, die ich dir zugefügt habe
Hättest du niemals mich verstoßen
So lobe ich meinen Vater heute
Der mit sich ins Reine kommen möge
Dein Sohn, der dir so fremd erschien
Weiß nun was er tut und will

Die Mutter möchte ich segnen

Dein schwerer Atem erinnert mich
So an meine Ohnmacht bitterlich
Als ich der Zuwendung entbehrte
Ich scheinbar nicht zu dir gehörte

Du hattest sicher deine Gründe
Warum du fehltest zu der Stunde
Doch hat's den Eindruck hinterlassen
Dass ich für immer bin verlassen

Dann sollte ich dich unterstützen
Auch wenn es schwer fiel dir zu nützen
Obwohl für alles konntest sorgen
Blieb mir dein Kummer nicht verborgen

Die Schwere war nicht zu begreifen
Das Leid von außen nicht zu sehen
Den Schmerz wollt' ich nicht weitergeben
Und blieb in meinem Zimmer sitzen

Das wiederum machte dir Sorgen
Was soll aus meinen Kindern werden?
Die Atmosphäre war so drückend
Die Flucht in Bücher einzig tröstend

Bis ich in blinde Wut geraten
Meine Ehre fühlte ich verraten
Ich nicht mehr zum Leben tauge
Immer die Schwachheit mir im Auge
    Sobald ich dir vermitteln wollte
    Dass ich mich von dir trennen sollte
    Du ließest dieses einfach gelten
    Trotzdem fühlte ich mich gehalten

Lange habe ich dafür gebraucht
Bin ins Bad der Kindheit eingetaucht
Mir anderswo gesucht die Mutter
Die meiner Seele gab das Futter

Ich sag's dir ohne vorzuwerfen
Denn auch ich kostete dich Nerven
Du gabst, was du mir geben konntest
Ein off'nes Ohr du immer hattest
    Heute ist das Schlimmste überwunden
    Auch wenn ich noch an dich gebunden
    Mein Leben wird schon weitergehen
    Ich gebe dir hiermit den Segen

Genießen können

Der Kollege hatte heute Süßigkeiten
Auch ich bekam etwas zu beißen
Damit er uns was Nettes tut
Ein bisschen ist für jeden gut

Wie schmecken diese Gummibären
So herrlich süß nach Heidelbeeren
Schon hab ich sie aufgegessen
Die Lust aber bleibt unvergessen

Sobald sich gibt die Möglichkeit
Kauf ich mir diese Süßigkeit
Das gleiche jetzt in großer Menge
Damit ich naschen kann so lange

Bis mir schlecht wird irgendwann
Ich nichts mehr genießen kann
Und nie mehr ich sie essen möchte
Nie mehr will ich Bärchenfrüchte

Streit und Annäherung

Können Heilige denn böse sein
In ihrem Eifer flammend schrein
Verbrennen woll'n sie alle Sünden
Der Zorn entfacht aus ihren Wunden

In den Schriften der Propheten
Von Juden, Christen und Muslimen
Spüre ich einen Zorn mit Sorgen
Der hinter ihrem Amt verborgen:

„Ich alleine bringe die Rettung
Gegen Angst, Streit und die Verblendung
Ich allein weiß die ganze Wahrheit
Die andern haben wenig Klarheit

Wer verschmäht die Heiligen Worte
Die ich empfing an Gottes Pforte
Den werden bitter wir bestrafen
In der Hölle sollen sie braten"

Entschuldigt mich für einen Versuch
Zu befreien euer Wort vom Fluch
Der über all die Jahrhunderte
Der Gläubigen Welt zerspaltete

Oder liegt es nur am Einzelnen?
Der mit der Botschaft übertrieben
Sich anmaßt Unglauben zu strafen
Dabei sich wähnt im sich'ren Hafen

Ich denke, dass die letzte Wahrheit
Die Leere und die göttlich' Hoheit
Mit Worten mehr verschleiert werden
Als Wissende wir uns gebärden

Wissen nennen wir die Verbindung
Gewonnen aus Sinneserfahrung
Der Glaube uns hingegen eröffnet
Aus allen Möglichkeiten schöpfet!

Ein offener Glaube wird verbinden
Weil jeder seinen Platz kann finden
Sein Beitrag kann verwendet werden
Da wir den andren nicht gefährden

Nun bleibt noch zu fragen, was ist Gott?
Kennt er reden, weinen und auch Spott?
Wenn wir wissen, was uns Gottes sei
Ist der Streit um Glauben schnell vorbei

Was bewirkt die Inklusion?

Kennt ihr alle das neue Wort denn schon?
Statt Integration sei jetzt Inklusion!
Die Menschen mit einer Behinderung
Anteil nehmen an ihrer Umgebung

Ob in Arbeit, Wohnen oder Bildung
Soll für sie entstehen die Öffnung
Von Seiten aller Lebensbereiche
Man so die Chancengleichheit erreiche

Als Betroffener möchte ich bemerken
An alle die hier zusammenwirken
Dass eine flächendeckende Lösung
Untergrabe unsere Bestrebung
Jedem Behinderten gerecht zu sein
Sei sein Handicap groß oder klein

Nicht kann die Politik hier anordnen
Was aus Zuwendung sollte entstehen
Andernfalls sie Widerstände erweckt
Die bunte Mischung viele hier erschreckt
„ Behinderte sind mir ein Dorn im Auge
Ich ihren Anblick nur schwer ertrage"

Dass man ihnen hilft ist keine Frage
Jeden könnt' ereilen ihre Lage
Bei einem Unfall ein Bein verloren
Schon ist ein Behinderter geboren

Und damit das ganze Unternehmen
Nicht schließlich einen Schaden wird nehmen
Zu Lasten derer die Hilfe brauchen
Bereitschaft und Geduld so verrauchen
Erlaube ich mir deshalb den Vorschlag:
Statt eifrig festzulegen Schlag um Schlag
All diejenigen zu unterstützen
Die behutsam an die Sache gehen

An ihrem Beispiel werden wir sehen
Wie sie sich ungezwungen verstehen
Das Lager der „noch nicht Behinderten"
Und die Riege der „noch nicht Gesunden"

Aus der Werkstatt

Ein paar Handgriffe zu einer Einheit
Wiederholen sich zu einer Vielheit
Den ganzen Tag dieselbe Sache
Ich will nicht, dass ich Fehler mache

Die Gedanken zurück zu dem Objekt
Jede Kopie sich mit dem Muster deckt
Nach der harten Lehrzeit der Gewöhnung
Die ich schätzen lernt' als Vorbereitung
Bin ich hier endlich in der Lage nun
Zu denken als auch die Arbeit zu tun

Mich fordere durch Gedankenspiele
Weil ansonsten mich der Frust aufwühle
Und von dieser monotonen Arbeit
Mir zu vergehen droht die Fröhlichkeit
Doch zum Glück werd' ich hier aufgefangen
Denn ohne diesen sozialen Umgang
Wäre der Arbeitsmarkt mein Untergang

Der Staat zahlt für uns mit vielem Gelde
Auch für Grundsicherung man sich melde
Dass ich mir ein Zimmer finanziere
Nicht einfach auf der Straße kampiere
   Werd' ich jemals eine Arbeit finden?
   Entsprechender meinen Fähigkeiten?
   Ein Ort an dem man Rücksicht nehmen kann
   Ich nicht die volle Leistung bringen kann

Sich trügen und betrügen

Weil jeder vom andren Perfektion erwartet
Und keiner so vollkommen ist
Beginnen viele sich zu verstellen
Um die Erwartungen zu erfüllen
Sie nicht ausgegrenzt oder verachtet werden
Man schon von weitem ihre Kompetenz errät
Um sich selber nicht dabei zu ertappen
Dass die Fassade nur ein Placebo
Man wohlwollend die Menschen übersehe
Erweckt einer den Eindruck etwas zu können
Einem dazu noch viel Profit verspricht
Ist der Deal schnell ausgemacht

Doch wehe dem, der hier nicht aufgepasst
Ein Gauner so hat vorgetäuscht
Das Idealbild abzuliefern
In der Geschäftswelt stets verlangt
Auch Egozentrik als Service zu verkaufen
Die sich und andren etwas vorgemacht
Sind selber jetzt getäuscht worden
Keine Zeit bleibt jetzt für Zweifel
Schließlich gibt's den großen Unterschied
Ich selber ganz legal bin vorgegangen
Der Betrüger ist ein Böser eben
Triumphieren werde ich über ihn

Jenseits der Selbstbegrenzung

Damit die Menschen, die sich gegenüber stehen
Den andren auch auf ihre Art verstehen
Sie ganz gerne auf ein Raster hin verweisen
Leichter fällt es so, das Fremde zu begreifen

Dies ist ein Russe, der ein Türke, der ein Christ
Glaubst du an Gott nicht, so bist du ein Atheist
Kapitalist, Sozialist, Royalist du bist
Nur als einfacher Mensch du selten wirst vermisst

Alle, die so etwas auf sich halten wollen
Erwarten deshalb von dir, dich einzuordnen
Damit die Maskenspiele an Fahrt erhalten
Soll man dem eigenen Lager Treue halten

Auf diese Weise verfestigt sich die Meinung
Für jede gibt es eine passende Zeitung
Sie möchten die Leser auf keinen Fall belasten
Sich aus Überzeugungen herauszutasten

Das Selbstverständnis ist eine Identität
Auf unsren Straßen oder an der Fakultät
Muss jeder seine Identität beweisen
So wird ihn niemand seines Platzes verweisen

Hast du erst einmal in diesem Spiel verloren
Aus Krankheit, Schuld oder anderem Versagen
So wirst du dich außerhalb begnügen müssen
Und als Außenseiter einiges vermissen

Vielleicht wird klarer dabei in deinen Augen
Dass sogar die Äußersten zu etwas taugen
Mit einemmal bekehrt sich deine alte Welt
Was außen war, wird jetzt ins Innere gestellt

Jeden Tag erwächst dir aus Solidarität
Ein Leben von intensiverer Qualität
Was Geld und Ansehen dir niemals konnten geben
Weil sie sich nun einmal außerhalb bewegen

Allein was du erlitten hast oder verschenkt
Vermehrt den Raum in dir, ein Größeres dich lenkt
Der Raum in dir wird weit wie das Universum
Die rasende Zeit geht wieder langsamer um

Die Pflicht für das Überleben

Ich kann nicht akzeptieren
      Die Menschheit wird verlieren
            Die Expansion vollendet
                  Das Leben ist geschändet

Eine Wirtschaftsmaschine
    Sie jedermann bediene
        Wachsen soll die Kunststoffwelt
            Niemals sie zusammenfällt

Wie kann solche Blindheit sein
    Wissen denn nicht Groß und Klein
        Dass im Kreislauf der Natur
            Die Stoffe sich wechseln nur

Von hier nach dort verschoben
    Ist kein Besitz gebunden
        Nicht wächst in unsrem Sinne
            Irgendwem hier Gewinne

Die Wesen sich begrenzen
    Das Unheil wird vermieden
        Ein Teil dem Ganzen schade
            Vom Walfisch bis zur Made

Doch wir sind emanzipiert
    Da uns selbst wir uns kreiert
        Die Überlebensfrage
            Ist für andere Tage

Bestrebt sich auszudehnen
    Getarnt hinter Benehmen
        Darf sich der Große nehmen
            Ohne zu verantworten

Erfolg wird nur bemessen
  Am Geld, das er besessen
    Dass ein Gleichgewicht gestört
      Er ganz gerne überhört

So ist es Pflicht der Wesen
  Für's ganze Überleben
    Einzelne zu beschränken
      Die Erde auszunehmen

Andernfalls ist es gewiss
  Dass der Lebenskette Riss
    Die Erfolgreichsten der Zeit
      Landen lässt in Dunkelheit

Wenn es ernst wird!

Wie ein Brett vor meinem Kopf
Jede Nachricht in den Topf
  Bald der Eindruck ist erweckt
  Dass die Welt im Nu verreckt

Es scheint darauf zu deuten
Verzweiflung bei den Leuten
  Keinen Ausweg mehr sehen
  Der Endzeit zu entkommen

Die Jungen am Computer
Trainieren sich als Kämpfer
 Wenn dann die Welt der Großen
 In Scherben wird gestoßen

Banden in Straßenschlachten
Ums Überleben kämpfen
 Die meisten resignieren
 Aller Wohlstand ist dahin

Obwohl wir's kommen sahen
Wollten wir nicht verzichten
 Unser Leben zu richten
 Wie die Werbung vorgesehen

Uns darum jetzt genommen
Was niemals zugestanden
 Gedankenlos konsumiert
 Bis das Unglück ist passiert

So schnell ist es gekommen
Ohne Warnung begonnen
 Bis die Welt neu geordnet
 Immense Zeit bedeutet

Soll es für uns Ende sein
Wir nur lebten für den Schein
 Aus unserem kleinen Leben
 Unwillig herauszutreten

Doch was soll ich noch warnen
Etliche schon ermahnen
Mit diesen Worten ruhig
Soll auch ich sein fähig
  Für den weiteren Verlauf
  Verluste zu nehmen in Kauf
  Ich nicht alles retten kann
  Wenn es ernst wird irgendwann

Wer nimmt die Führung an?

Die Welt ist ungerecht
  Die Menschen sind verdreht
  Verhindern dass es weitergeht
Das Gute nicht mehr echt

Wer diese Sache sieht
  Es droht ein bittrer Krieg
  Das Überleben ist der Sieg
Wer sich ihrer nicht entzieht

Kann nicht einer lenken?
  Natürliche Autorität
  Von echter Souveränität
Alle ihr Vertrauen schenken

Ein König oder Königin
    Die eine Ausbildung erhalten
    Kräftig und behutsam walten
Im Geschehen mittendrin

Nicht vererbbar ist sie
    Die Haltung eines Edlen
    Der Edle muss es lernen
Ihm hilft keine Kopie

Außerdem erkennt man sie
    An der Bereitschaft
    Auch ohne Dienerschaft
Dank ihrer starken Phantasie

Was sie vor sich sehen
    Wird wirklich einmal werden
    Fehler werden sie vererden
Neu wird die Welt entstehen

Sie sind schon hier und dort
    Es braucht noch etwas Zeit
    Bis sie ergreifen ihre Möglichkeit
Die Menschheit lebt so fort

Relative Relation

Leise rauscht sie durch den Raum
Von ferne ist es wie ein Traum
Ist erwachsen aus dem All
Das Leben hier ein rarer Fall

Will mich verbunden wissen
Mit den Sternkulissen
Zu nahe sie verbrennen
Doch ohne sie erfrieren

Zeit hier keine Rolle spielt
Sich nur wie der Puls verhielt
Den Rhythmus gibt im Geschehen
Die Zeit wird nicht vergehen

Kräfte zieh'n uns magisch an
Und die Richtung geben an
Bis wir finden unsere Mitte
Und dazu bewegen Dritte

So bin ich Teil des Kosmos
Bin eingebettet fraglos
Die Probleme der Menschheit
Lösbar sind mit Sicherheit

Der Schluss mit dem Bösen

Das Böse stets in neuer Form
Uns schadet manchmal ganz enorm
Wir zum Gegenschlag ausholen
Es für immer auszurotten

Wofür sind die Krankheiten gut?
Auch das Feuer mit seiner Glut
Uns gefährdet wie das Wasser
Wenn es übertritt die Ufer

Der Natur können wir verzeihen
Aber nur nicht unseres Gleichen
Was die Elster sich darf nehmen
Ist dem Menschen streng verboten

Das Gesetz bestraft Schuldige
Darum man sich entschuldige
Die Schuld sucht bei den andern
Und die Finger weiter wandern

Immerhin gab es auch solche
Denen man mit einem Dolche
An die Kehle könnte gehen
Sie nicht mit der Wimper zuckten

Zwischen Märtyrern und Verleugnern
Wohl die meisten von uns wandern
Darum habe ich hier versucht
Für alle die sich sehn verflucht
Böses nicht zu verharmlosen
Auch nicht überzubewerten

Es ist unsere Aufgabe
Jeder auch was Böses habe
Sich dem Bösen hinzustellen
Wenn's sich verbreitet wie die Wellen
    Jeder seinen Standpunkt finde
    Im Fall der düsteren Winde
    Dann nicht buckle oder schwinde
    Sondern zu sich selber finde!

Teil 3

Aus dem Mittelpunkt

März 2013

Einleitung

Der dunkle Tunnel ist durchschritten. Ich besitze nun mehr Klarheit über das, was ich denke und mitteilen will. Die Vision, die ich die ganze Zeit in mir getragen habe, kann ich jetzt besser in Worte fassen. Sie zerrinnt nicht mehr ins Ungewisse oder vermischt sich nicht mit den Ansprüchen auf Weltverbesserung oder Beherrschung. Sie ist eher ein Bild, das meinen Horizont für die Weite und Möglichkeiten der Welt offen hält.

Ich habe erkannt, dass unsere Kultur und Gesellschaft ein Zentrum braucht, um das sie ihre Kreise ziehen, und Quellen, aus denen sie sich regenerieren und weiterentwickeln kann. Ich bin überzeugt, dass dieser Mittelpunkt in jedem Menschen, in jeder Kultur die gleiche schöpferische Göttlichkeit ist. Trotz verschiedener Standpunkte und Zugänge sollte das Göttliche weder relativiert noch als Fixpunkt in Besitz genommen werden. Keine Religion oder Philosophie kann uns die Mühe nehmen unsere Lebensaufgabe zu finden und uns die Gewissheit geben, dass wir gut und richtig handeln. Wir bleiben als anfällige und beschränkte Wesen aufeinander angewiesen, damit wir uns gegenseitig stützen und ergänzen können.
Mitgefühl und Gesprächsbereitschaft sind hierfür die besten Voraussetzungen.

Freunde entlang des Weges

I
Eine Rose aus blauem Wachs
Hat sie mir geschenkt
Ich war so glücklich
Über diese kleine Geste
Wir haben uns an einen Bach gesetzt
Cola getrunken und dabei geraucht
Als ich mein Elend
Nicht mehr ertragen wollte
Und mir auf einer Wanderung
Den giftigen Fingerhut gepflückt hatte
Sagte sie einfach
„Wenn du das frisst
Dann fresse ich das auch"
Einen wirkungsvolleren Beistand
Hätte ich nicht bekommen können

II
Ein Freund zeigte mir auch
Meine unangenehmen Seiten
Meine Ungeduld, meine Überheblichkeit
Mein Unwissen,
Mein mangelndes Einfühlungsvermögen
Die Schwierigkeit zu verzeihen
Und Probleme direkt anzusprechen
Die Versuchung aufzuschieben
Und Verantwortung zu meiden

III
Sie war wie ein Vater
Zu mir, dem Muttersohn
Sie konnte befehlen
Und sich durchsetzen
Sie forderte von mir
Eine Stärke
Die auf Schwächen
Rücksicht nimmt
Ich spürte bei ihr
Eine Verlässlichkeit
Und Offenheit
Die ich bisher
Noch nicht erlebt hatte

Die Rückkehr zur Unschuld

Schuldgefühle sind mir allzu gut bekannt.
Aber worin liegt die eigentliche Schuld
Was bedeuten die Begriffe Sünde, Schuld
Befreiung und Erlösung ?

Die Schuld verstehe ich als Unterdrückung
Der göttlichen Lebensquelle in sich und anderen
Was bis zur Gewalt führen kann
Die Lebensquelle entspricht dem weiblichen Prinzip
Sie sorgt für den Zyklus
Aus Sinn, Verwirklichung und Rückkehr

Dem Werden und Vergehen
Dem Kontinuum des Lebens
Die Schuld hat ihren Ausgang in der Angst
Vor dieser weiblichen Lebensquelle
Die ihrer eigenen „Logik" folgt
Und deshalb den bisherigen
Männlichen Hütern der „Tradition" suspekt war

Die Schuld besteht nicht in einem der „Triebe"
Sei es dem seelisch-erotischen Wunsch nach
Vereinigung
Dem Ziel etwas in der Außenwelt zu bewegen
Sich zu verwirklichen
Oder dem Bedürfnis die Welt in ihrem Sinn
Als zusammenhängendes Ganzes zu begreifen
Die Unterdrückung dieser Lebendigkeit
Sowohl von männlicher
Als auch weiblicher Seite
Ist die eigentliche Schuld
Wir schulden uns und anderen
Das Leben das wir führen könnten
Die Befreiung der göttlichen Lebensquellen in uns
Befreit uns auch von der Schuld

Sündigen bedeutet im altgriechischen
Einfach nur „sein Ziel verfehlen"
Wenn es ein in erster Linie männliches Bestreben ist
Die Welt im Gleichgewicht zu halten,
Sei es im sozial-politischen, wirtschaftlichen
Oder wissenschaftlich-technischem Sinne

Dann bedeutet jede Vergrößerung statt Minderung
Des Ungleichgewichtes eine Zielverfehlung
Ein Wirtschaftssystem, das vorgibt
Angebot und Nachfrage auszugleichen
In Wirklichkeit aber durch Manipulation der
Bedürfnisse
Wegen der Fixierung auf Gewinnstreben
Das soziale und ökologische Ungleichgewicht
Immer mehr vergrößert,
Verfehlt ihren gesellschaftlich legitimierten Auftrag

Als Ursache für die Sünde
Sehe ich die Angst vor der Leere, dem Versagen
Letztlich dem Tod durch Auflösung
Um diese Angst verdrängen zu können
Müssen wir um jeden Preis erfolgreicher
Überlegener sein
Die Identifikation mit sich selbst
Mit Prestige und Besitz, sei er materiell oder ideell
Verleiht uns die Illusion
Dem Tod und allen Unannehmlichkeiten
Entronnen zu sein
Weil dieser Lebensstil zur Überforderung
Und globaler Gefährdung anwächst
Besteht die Erlösung von dieser schützenden
Selbstsucht darin
Schon in diesem Leben den Tod zu sterben
Um die Angst vor dem letzten Tod zu verlieren
Und somit ein authentisches, erfülltes Leben
Zu beginnen, das unabhängig von Rankings

Und Modevorgaben eigene Ziele bestimmt
Die Arbeit am Gleichgewicht der Welt
Das sich in dem Wunsch nach Frieden
Und Gerechtigkeit ausdrückt, braucht alle Berufe
Und es ist klar, dass es ein vollkommenes
Und dauerhaftes Gleichgewicht nicht geben kann
Es bleibt ein Prozess des ständigen Korrigierens
Abwägens, Ausprobierens, Streitens und Verhandelns
Der von allen Beteiligten getragen werden muss

Die unerfahrene Liebe

Es scheint mir so
Dass die meisten Menschen wissen
Wie sie ihr Liebesleben gestalten möchten und können
Umso merkwürdiger ist es wenn ein Mann
Mit knapp 30 Jahren zugeben muss
Aus Verwirrung über den Wunsch
Alles gleichzeitig zu leben
Nur eine Liebe in der Vorstellung führen kann
In meiner Phantasie versuche ich immer wieder
Eine Beziehung anzufangen
Bis ich mich zu einer anderen Frau hingezogen fühle
Und ich in einen Entscheidungskonflikt gerate
Wenn mir dann in Entschlossenheit eine Frau
Begegnet und gut gefällt und ich für immer
Bei ihr bleiben will
Unmöglich ist es mir sodann

Ihren Blick in mich zu lassen
Als sei die „Unberührbarkeit" ein Reflex
Den ich willentlich nicht steuern kann
Vielleicht mag jemand hier
Aus meiner „Dummheit" Trost erhalten
Ist unerfüllbare Liebe nicht von solcher Art
Dass sie die Sehnsucht nährt
Nach der umfassendsten aller Liebe?

Die große Familie

Ich habe das Glück gehabt
In einer erweiterten Familie aufgewachsen zu sein
Die mir in Nachbarschaft und Verwandtschaft
In Deutschland und Frankreich
Ganz verschiedene Personen des Bezugs
Als Gefährten gegeben hat.
Später habe ich in internationaler Gemeinschaft
Die familiäre Atmosphäre genossen
Für den Alltag wünsche ich mir wieder
So eine große Familie
Mit Großeltern, Frauen, Männern, Vätern, Kindern,
Freunden, Müttern, Brüdern und Schwestern
Ich stelle mir vor, wie ich in solch eine
Familiengemeinschaft finde
In denen jeder unterschiedliche Rollen
Ausprobieren und lernen kann
Und bei Übergängen zu neuen Lebensabschnitten

Bei Krisen und Trauer unkomplizierte
Unterstützung erfährt
Wie viel Einsamkeit, Verzweiflung und auch
Kriminalität
Könnte damit aufgefangen werden?

Unter dem Quittenbaum

Der Start meiner Phantasiereise
Ist ein gemütliches Plätzchen im Garten
Von dem ich mich nicht entfernen werde:
Ich beginne die Grashalme
Und die kleinen Tierchen auf dem Boden
Zu betrachten und tauche ganz in ihre Welt ein:

> Als eine Ameise tue ich
> Was ich tun muss
> Ich sammle Material und trage es fort
> Finde ich etwas Besonderes
> So benachrichtige ich meine Kollegen
> Wir sind ein gutes Team
> Jeder weiß, was er zu tun hat

> Und passiert etwas Unerwartetes
> Ein Angriff auf den Palast unserer Königin
> So setzen wir uns mit allen Kräften
> für den Schutz unseres Staates ein

Dieser Stein ist mir zu schwer
Wenn doch dieser Stein nicht wäre
Oder was wäre, wenn ich dieser
Stein nun wäre?

Als Stein ruhe ich in beständiger Form
Beständiger jedenfalls als andere Wesen
In mir gibt es allerhand Verbindungen
Und Minerale
So trage ich eine lange Geschichte in mir
Doch so felsenfest wie ich wirke bin ich nicht:
In mir tanzt die Materie
Einen eigenartigen Tanz
Wenn ich nur wüsste, wie es sei
Solch ein lustiges wirbelndes
Materieteilchen zu sein

Nun bin ich es
Der Raum zeigt mir einen Platz
An dem ich mich aufhalten kann
Die Zeit regelt wie von selbst
Wie oft ich meine Schritte wiederhole
Energie und Kraft bewirken Intensität
Und Richtung meiner Bewegung
So ist mir nicht ganz klar
Ob ich selber für mich tanze
Oder getanzt werde
Ob jemand meine Schritte lenkt
Mal hierhin und mal dorthin führt

Hinter den Vorhang meiner Existenz
Will ich blicken können
Also wage ich den Sprung ins Ungewisse

Alles erlischt, ich bin im Nichtsein
Da auch ich nicht mehr bin
Wird es mir im Nachhinein so vorkommen
Als sei ich woanders gewesen
In Wirklichkeit war ich da
Wo ich schon immer war
Und immer sein werde
Ich schlage die Augen auf und
Genieße die Dinge um mich herum
Welch Bedeutung hat alles Leben!
Schon dieser verwucherte Quittenbaum allein
Das Moos auf seinen Zweigen!
Die Sandkörner zwischen den Wurzeln!

Über die Wirkung Gottes

Gott existiert nicht
Würde er existieren wäre er
Etwas Geschaffenes wie alles andere
In diesem Universum auch
Gott als das Absolute und Ewige
Hat keine eigene Existenz
Aber es ist paradoxerweise
Die Grundlage allen Seins

Die Ursache des Seins ist das Nicht-Sein
Das Nichts, die Leere
Dieses Nicht-Sein bringt den Geist
Als virtuelle Form hervor
Die Seele als Substanz der Realität
Und die Bewegung als Wirklichkeit
Daher sind weder Geist, Seele
Noch ein einzelnes Wesen
Mit Gott identisch

Gott als Nichts wirkt außerdem
In jedem Mittelpunkt einer Person
Eine Person ist eine Einheit
Die von einem göttlichen Kern
Dem Nichts zentriert wird
Gott ist der Mittelpunkt unserer Person
Aber „er" selbst ist keine Person
Sondern deren Ursprung und Zentrum

Wer den Zugang zu Gott verloren hat
Zur Lebensquelle und Lebensmitte
Und ihn noch nicht wiedergefunden hat
Der wird versuchen Gottes Wirken
In Worten, Bildern, Theorien zu erfahren
Solange diese Hilfsmittel nicht als
Tor zu Gottes Wirken benutzt werden
Sondern mit Gottes Wirken
Gleichgesetzt werden
Kann Gott nicht wirken
In diesem Augenblick!

Lang lebe die Menschheit!

Wir Menschen haben das Feuer bezwungen
Mit dem wir uns wärmen und Nahrung
Zubereiten können
Wir haben das Rad erfunden
Um Dinge zu transportieren
Tiere gezähmt und den Acker bestellt
Städte gebaut und zerstört
Nach Gold gesucht und den Besitz vermehrt
Nach dem Ursprung und Regeln
Für das Zusammenleben gefragt
Aus Uneinigkeit über diese Fragen
Kriege geführt
Was hat sich in dieser kurzen Zeit
Nicht alles getan?
Gestern noch mussten wir
Alles von Hand tun
Heute gibt es unzählige Maschinen
Die uns die schwere Arbeit abnehmen
Sodass wir unsere Kultur verfeinern könnten
Als ob die Zukunft eine Belohnung brächte
Versuchen wir schon Heute im Morgen zu sein
Was treibt die Menschheit an
Sich so schnell zu entwickeln?
Sind hier Kräfte im Spiel
Die wir selber nicht verstehen
Die uns aber in eine Welt führen
Von der wir noch keine Ahnung haben

Trotz der Gefahren
Denen wir uns aussetzen
Ist es unsere Aufgabe
Das Leben weiterzutragen
Wie auch immer wir uns dabei verändern werden
Lang lebe die Menschheit!

Neopolis, Stadt des Neuanfangs

Eine Stadt sehe ich vor mir
Ist es die gleiche, die vor mir
Auch schon andere sahen?
Dort könnten sich Menschen
Aus aller Welt treffen
Um gemeinsam den Rahmen
Für eine neue Zivilisation zu erarbeiten
Einer Zivilisation die in der Lage ist
Ihr inneres Gleichgewicht auszubalancieren
Ohne auf expansives Wachstum
Oder Unterdrückung angewiesen zu sein
In dieser Stadt sind Künstler
Wissenschaftler, Politiker, Unternehmer....
Sowie Laien willkommen
Die ihren persönlichen Traum
Als Teil eines viel größeren Traumes begreifen
Dem Traum eines natürlichen Friedens

In dem sich Gegensätze ergänzen können
Und sich nicht mehr gegenseitig
Ausschließen müssen
Um wirken zu können

Die Evolution geht weiter

Auch der Homo sapiens sapiens
Ist nur ein Glied in der Kette des Lebens
Seine verlorne Instinktsicherheit
Die er durch ein Ego zu kompensieren sucht
Könnte ihm trotz seiner Intelligenz
Zum Verhängnis werden
Weil der Mensch sich in seinem
Expansionsdrang selber gefährdet
Hat die menschliche Evolution
Einen Grund weiterzugehen
Überall auf der Welt wachsen Menschen heran
Die eine natürliche Sensibilität
Und Instinktsicherheit mitbringen
Und sich diese nicht von
Religiösen, politischen oder ökonomischen
Steuerungsversuchen nehmen lassen
Sie sind immun gegen die
Manipulationsversuche der Ego-Taktiker
Auch wenn sie durch nichts anderes
Mehr irritiert und verletzt werden

Ihre hohe geistige und seelische Beweglichkeit
Die es ihnen ermöglicht mehrspurig
Und situationsbezogen
Unter Berücksichtigung des umgebenden Kontextes
Zu denken und zu handeln
Macht sie anfällig für
Größenwahn und gleichzeitige Lebensverweigerung
Der neue Mensch
Der schon lange ersehnt und vorhergesagt wurde
Entsteht in unserer Zeit
Auf ganz natürlichem Wege
Der Mensch muss also nicht verändert
Oder umerzogen werden
Er entwickelt sich aus sich selbst heraus weiter
Wegen seiner Fähigkeit des universellen Denkens
Sich also nicht auf einen Aspekt der Realität
Fixieren zu müssen
Für die Fähigkeit der ganzen Welt offen zu sein
Möchte ich den Nachfolger
Des Homo sapiens sapiens
Homo sapiens universalis nennen

Stille

Die Vorstellung, dass irgendwann
Nichts mehr sein sollte
Kann beruhigen, aber auch beunruhigen
Ich bange nicht um mein persönliches Leben

Sondern um das Leben an sich
Werden wir das Leben auf anderen Planeten
Weiterführen?
Oder mit bereits bestehendem Leben
Zusammentreffen?
Doch auch dann stellt sich die Frage:
Wird das Leben im Universum für immer existieren?
Und wenn es dann irgendwann erlöschen sollte
Bleibt etwas davon übrig, bleibt etwas von unserem
Einmaligen Leben übrig?

Wenn das Leben wieder
In seinen Urgrund zurückkehrt
Aus dem es entstanden ist
Dann kann jederzeit daraus eine neue Welt entstehen
Ewigkeit und Vergänglichkeit bedingen sich
Kein Grund sich zu betrüben
Ich wünsche mir diese ruhige Stille
Eine Stille als inneren Frieden der sowohl die Unruhe
Als auch die Ruhe umgreift
Das Leben und den Tod, die Freude und die Unlust
Das gerettet Sein und das verloren Sein
So will ich in mich kehren
Strecke mich nach allen Seiten und Zeiten aus
Sehe die Dunkelheit im Licht
Und das Leuchten meines Schattens
In diesem Moment öffne ich mich der
Stille

Dank

Ich möchte allen Menschen, die mir im Leben begegnet sind, meiner engeren und erweiterten Familie, Freunden und Bekannten, die mich gefördert haben oder einfach an ihrem Leben teilhaben ließen, für ihr Wohlwollen und Ihre Unterstützung danken.

In der Zeit meiner schweren Erkrankung bildeten Kliniken, Fachkräfte, Medikamente und die geregelte Tagesstruktur in den Werkstätten (für Menschen mit Behinderung) einen verlässlichen Rahmen, in dem ich die Möglichkeit hatte, ohne allzu sehr dem Druck der Leistungsgesellschaft ausgesetzt zu sein, meine Gaben zu entfalten bzw. zurückzugewinnen. Deshalb möchte ich noch einmal allen Helfern und Begleitern auf dem Weg in ein selbständiges Leben besonderen Dank aussprechen.

Inhalt